AF509717

REMONSTRAN-
ce à Messieurs de la Cour de Parlement sur le parricide commis en la personne du Roy Henry le Grand.

M. DC. X.

REMONSTRANCE A MESSIEVRS
de la Cour sur l'assassinat du Roy.

NOus aurons donc perdu nostre Roy; le plus grand Roy que la France ait produit, que l'Europe ait veu depuis cinq cens ans; Le cœur qui donnoit la vie au corps de cest Estat iusqu'aux moindres fibres; la chaleur, la vigueur à tant d'autres; transpercé de l'execrable couteau d'vn miserable; N'aura-il donc autre victime que ce vil supplice? Sera-il dict à la posterité à nostre honte? souffert en nos iours à nostre ruine? Et vous Messieurs de son Parlement qui luy deuez Iustice; la deuez à vous mesmes, en demeurez vous là? Qui par vos prudences penetrez en l'obscurité des choses plus cachées, reboufcherez-vous contre vne si claire, si euidente? Vous recherchez les autheurs de ce prodigieux coup; sçauez assez que le couteau n'a esté que l'instrument de Rauaillac; Rauaillac d'autres qui l'ont induict, instruict, poufsé, luy ont mis en la main le ferrement, en l'esprit ce parricide. Aurez-vous donc peine à deuiner, à coniecturer, à conuaincre qui ils sont? Puis que du consentement de toute la Chrestienté, autres depuis tant de siecles ne s'en trouuent capables, ne s'en sont trouuez coulpables que les seuls Iesuites, ou leurs Disciples? Affaffins reffuscitez en nos iours des Rois Chrestiens, reste des Sarasins, race de Mores; qui en font liures exprés, en tiennent Eschole, en enseignent la methode, l'ont

A ij

reduite en art & en cabale , y façonnent les hommes par leurs mysteres,leurs meditations , conse-
crations, execrations ; depuis tant d'années ne se
glorifient d'autres exploicts , ne sont recomman-
dez d'autres Miracles? Vos Loix nous disent; Que
celuy qui vne fois a esté trouué meschãt, est tous-
jours presumé l'estre en vn mesme genre de mes-
chãceté. Quand dõc leur Emanuel Sa en son Insti-
tution des Confesseurs , decerne qu'il est licite de
tuer son Roy , exempte quelconque Clerc de la
subiection du Prince naturel ; declare en conse-
quence qu'il ne peut estre rebelle , quoy qu'il face;par là pretendant r'abatre en tout cas , du supplice comme du crime; Iean Mariana & plus har-
di & plus methodique en tels affaires passe plus
outre. Qu'on peut,ains qu'on doit attenter sur son
Prince , pourueu que le conseil de quelque petit
nombre de personnes graues & lettrées, ~~en quelque~~
~~sain priué de la Societé, ou pour la moins, de la main du Vi-~~
~~siteur,~~ y entreuienne ; par dol , par trahison , par
poison ,iusques à leur designer les genres du poison;prompts,lents , au boire , au manger , au tou-
cher,souz ombre de quelque beau presét à la façõ,
dit-il,des Roys Maures;en frottant vne robbe,vne
chaire,des linceuils,les armes;les selles,les bottes.
Et que qui vient à perdre sa vie en cest exploict,
grata Superis,grata hominibus hostia cadit;est en sacrifice
agreable à Dieu;agreable aux hommes. Ces liures non
eschapez à l'estourdie à quelques nouices ; Mais
celuy d'Emanuël Sa ; digeré , dit-il , en sa Preface
par l'espace de quarante ans ; ~~[biffé]~~ ordinaire

.Ma-
ria de
institu-
tione re-
gis l.
6. &

~~des Peres Conf. &c.~~ L'autheur entre eux de telle saincteté que pour sa pretenduë saincteté, la Petrus
badene.
in Cata.
go. p. 54
Vierge Marie, disent-ils, & leur bon Pere Ignace
luy apparurent en mourant. Celuy de Iean Mariana mentionné au Catalogue des liures de leur Societé publié par P. Pierre Ribadeneira en l'an 1608.
auec vn Eloge singulier de l'Autheur & de ses œu- Idem p.
141.
ures qualifié d'vn excellent iugement, d'vne ad-
mirable doctrine, d'vne profonde Theologie,
qu'il auroit enseignée à Rome, en Sicile, à Paris
mesme. L'vn & l'autre imprimez auec Priuileges
authentiques, approbations solennelles de leurs
Superieurs ; Cestui-là en Anuers ; cestui-cy à Toleto & à Maience ; Mais cestui-cy qui deuoit faire de plus grands coups ; mieux emoulu, plus
affiilé, pour plus d'auctorité, portant plus de
recommandation en son front, la censure &
approbation en Espagne ; par Fr. Pierre de On-
na Prouincial, le congé de l'imprimer donné par Stephano Hoïeda Visitateur de la Societé
de Iesus en la Prouince de Toledo? le tout en con-
sequence & vigueur du pouuoir à luy preallable-
ment donné par le Pere General de leur Societé
par eux si haut loüé Claudio Aquauiua ; *aprés auoir* Idem p.
44.
iceluy esté approuué ce sont ses mots, *par personnages
doctes & graues de nostre Ordre.* Pouuez-vous plus
douter, Messieurs, tout cela veu, de quelle forge,
de quelle trempe? Et quand derechef depuis trete
ans, ceux de ceste secte sont conuaincus d'auoir
attenté à la vie de plusieurs grands Princes en la
Chrestienté ; sur quelques vns auec effect. D'auoir

A iij

pratiqué, ces derniers ans, ceste abominable Fou-
gade d'Angleterre, pour en vn moment emporter
en l'air le Roy , la Royne , & les Princes , tous les
Grands du Royaume assemblez aux Estats , vn
nombre infiny de gens de toutes qualitez , l'ab-
bregé en somme de l'Estat, sans exception, cependant & sans acception aucune de religion, meslez
qu'ils estoiét des deux, comme chacun sçait, en ceste compagnie. Le Pere Garnet nommément a-
uec ses Equiuoques, leur Prouincial en Angleterre conuaincu par ses complices, ains par sa propre
confession, d'en estre Autheur, Directeur, Executeur, si la singuliere grace de Dieu n'eust preuenu;
par eux neantmoins pour auoir tenté ce haut dessein , englouti entant qu'en luy estoit, tout vn E-
stat ; au lieu de mille supplices qui luy estoient
deus, declaré sainct, canonisé entre leurs Martyrs;
imprimé, vendu, distribué en taille douce , auec ce
Tiltre, par là consacré à la posterité? Peut-on encor
douter que ceste ~~Meurtriere~~ Societé sous ceste
hypocrite mine, n'eust caué ceste mine, n'eust lo-
gé la poudre , n'y mist le feu ? qui guerdonne son
Boutefeu, couronne ce Martyr de Satan ; & de la
main d'vn Ange ? car tel le font-ils en ce portrait.
Et si tels sont leurs Martyrs , quels donc leurs
Anges? Mais ioignons encores de plus pres ; Quád
vous rapportés enséble que le Cardinal Bellarmin,
le Coriphee de la Secte , leur Docteur vniuersel,
par traicté expres exalte le parricide de Iaques
Clement commis en la personne du Roy Henry
III. que mesme Mariana l'ose dire proceder de la

force de l'*Esprit de Dieu*, *agissant en la foiblesse de son
corps*, consacre ce couteau qu'il auoit, dit-il, à ceste fin *frotté d'herbes venimeuses*. Et Ribadeneira,
Becanus, Vasqués, Bonarsius & plusieurs autres
apres luy ; que le liure composé en suite de l'Assas-
sina~~t parricide de la France de Paris~~, *de la iuste expulsion de
Henry III.* baille pour Preface, ~~qui meraueuse commune
en pour de droist volume & y fracassoul le Roy Henry III~~.
qu'en execution apres de ceste monstrueuse De-
cision, entre tant d'ennemis, tant d'aguets, dres-
sez à la vie de ce grãd Roy, ne s'é trouue aucun où
le Iesuite ne soit meslé, n'y tienne le dessus ; en celuy nommément de Iean Chastel, qui rebouscha
contre sa dent ; où vous, Messieurs, le recogneu-
stes, le conuainquistes, induict par eux, & instruict à ce coup ; ~~en leçons & en confessions, par
le bon Pere Iean Gueret~~, par les execrables The-
ses aussi du Pere Iean Guignard ; par vous condamnez sur ce suiect ; auec eux toute la Societé,
par vn Arrest si solennel ; Attendez vous encor
quelque autre preuue ? & doutez vous que de
mesme Tribunal ne vienne la sentence & l'execution ? de mesme concert, le dessein & le meurtre ?
Adioustez maintenant que non contens d'auoir
faict importunément raser vostre Pyramide, en
elle vostre Arrest contre Chastel, ils auroyẽt faict
depuis quelques mois censurer à Rome cest Arrest, flestrir par consequent l'auctorité souueraine, pourquoy s'ils ne s'en sentoient complices ?
qui deussent autrement tant plus detester l'acte ;
en la detestation monstrer leur innocence ? Vne

pourſuite ſi hors de ſaiſon , ſinon pour deſarmer, affoiblir voſtre Iuſtice, par vne puiſſance par eux pretendue ſuperieure? Ains apres tout, ce myſte-rieux Tableau de leurs pretendus martyrs taillé à Rome, mis en monſtre meſme parmy nous, où ils ordonnent à ces glorieux Peres Gueret & Gui-gnard chacun ſa niche, Precepteurs, Doſteurs, Confeſſeurs de Chaſtel, condamnez pour meſme crime. Pourquoy derechef ſinon pour aſſeurer le bras & le coup de leur Executeur en l'exaltation de leurs Garnet, Gueret & Guignard? en tout cas, le fortifier de ceſte imaginaire conſolation contre l'ignominie du ſupplice? Et quád donc trois mois apres, pendant que noſtre Roy demande à Ro-me raiſon & reparation de ceſte cenſure, vous voyez tomber ce coup ſur noſtre France, d'où de-uez vous dire qu'il nous vienne? Sur ceſte ſacrée perſonne, tant de fois par eux & aguettée & at-tentée, que de meſme conſpiration, de meſme trame?

Mais vous voudriez quelque preuue plus clai-re.Qu'ainſi fuſt-il,non tant pour voſtre conſcien-ce, que pour noſtre ſcience, Et n'ignorez pas tou-tefois, que ces gens qui pratiquent pour tels ef-fects, les plus execrables perſonnes , apres qu'ils leur ont confeſſé leurs turpitudes, enormitez, in-ceſtes, ſodomies, brutalitez ; car autres gens n'en trouuent-ils capables, leur monſtrent l'enfer en-trebaaillé pour les engloutir, puis leur promet-tent, s'ils tuent ceſtuy-cy ou ceſtuy-là de les en racheter ; de les loger en Paradis entre les Anges,

les

les menacét au contraire & de l'enfer sans remiſ-
ſion, & de doubles tourmens en iceluy, s'ils les
deſcouurent ; Cauſe qu'ils ſe roidiſſent & s'obſti-
nent ſur & contre les tortures, en ceſte ſuperſti-
tieuſe impreſſion, munis de charmes, effacent
tout vray ſentiment de bonne conſcience. Mais
encor ce malheureux vous en a-il point dict de re-
ſte? Quand il a recognu, que les ſermons, ceux
particulierement de l'Aduent & du Careſme dernier, l'auoient porté là ? & quels? ſinon des Ieſuites, qui empliſſoient toutes nos chaires de ſedi-
tion ; pour allumer tous les coins de la ville,
louoient les langues de nos Curez, s'ils les euſſét
voulu croire? Car à qui ne ſouuient-il quels propos ils faiſoient lors tonner à nos oreilles ; ains du
Roy meſmes qu'ils attaquoient preſent en ſa perſonne? Quand auſſi vous l'auez interrogé, ignorant & brutal en toute autre matiere ; ne l'a-
uez-vous pas trouué ſçauant en celle-cy, gar-
ny de toutes les exceptions requiſes, ſes propos, tout ſon procez, au ſeul nom pres le procez de Chaſtel, cathechiſé conſequemment par
meſmes gens ſur ces beaux liures ? Et par qui, ſinon par ces Viperes? puis que quelques iours au-
parauant il s'eſtoit ouuert à ce Pere Aubigny, d'vn
grand coup à faire ̶ , la
croix au bout, pour proſperer l'affaire. Car pren-
drez vous pour argent content, ou pour deriſion,
ce don pretendu d'oublier les confeſſions, pour
fruſtrer voſtre interrogatoire? Par qui, ſelon l'ex-

B

pedient de Mariana, que par le conseil *de ces graues & doctes Peres, au* moins *du Visitateur de la Prouin-ce*, luy de sa ieunesse nourry aux Iesuites? Et pour donner vostre Arrest, Messieurs, contre leur Societé, leur coniuration, quels autres fondemens eustes vous? quels autres vous faut-il? Ains ces actes multipliez depuis, geminez à nos despens, en la personne propre de nostre Prince, vous monstrent-ils pas, que ces maximes ont passé en Loy, en chose iugée entre eux, font partie & de leur droict Canon, & de leur Regle; leur sont tournez & en habitude & en nature? Certes à autres n'appartient-il d'auoir percé le cœur, par Rauaillac à nostre Roy, qu'à ceux qui luy auoient fendu la bouche par Chastel, qui l'auoient para-uant failly par Barriere. Auec le temps ils ont as-seuré & leurs mains & leurs coups: mais tousiours sous mesmes Maistres, & en mesme Eschole, & de mesme doctrine. N'y a en somme que de deux l'vn à choisir, ou que les Iesuites soient Rauail-lacs, ou que Rauaillac soit Iesuite; les Iesuites l'esprit de Rauaillac, Rauaillac le bras des Iesui-tes.

Icy i'en oy quelques vns qui dient, si c'est par simplicité, ie le pardonne; mais ces pauures gens, à quel propos l'auroient ils faict. Le Roy leur fai-soit si bon visage; leur faisoit tant de bien. Voi-la Pere Cotton qui dit, qu'il estoit leur Prote-cteur, leur second Fondateur. Ains sçachez; que ces ames noires, attachees au but de leur Socie-té, n'en desmordét iamais, quelque bié qu'on leur

face; Ce poiſon comme les deleteres entre les Me-
decins , retient touſiours ſa malignité, en quoy
qu'on le deſtrempe , Le but de leur Societé,
ſous vn Fondateur Heſpagnol , vn Nauarrois trai-
ſtre & renié, fût la grandeur, la Monarchie d'Heſpagne ; De ce leuain toute ceſte paſte eſt leuée, eſt
enaigrie, où qu'on la prenne ; La France ſe pour-
roit donner à eux par pieces ; Le Roy leur auoit
donné ſon propre cœur , ils retiennent le leur , le
reſeruent touſiours à l'Heſpagne. En voulez-vous
des preuues ? Fut-il iamais vn plus grand adula-
teur , adorateur du feu Roy que ce bon pere meſmes ? Repreſentons nous ces reuerences allon-
gees , ces profondes humilitez , ces ſourcilleux
ſous ris ; en meſme temps, au prejudice de la repu-
tation du Roy , du bien de ſes affaires , quelles
lettres eſcriuoit-il, quels aduis donnoit-il en Heſpagne ? Les Ieſuites auſſi de Bordeaux , aux Capi-
taines qui leuoient les recreuës des Regimens
pour la guerre de Cleues , que diſoient-ils ſe con-
feſſans à eux ? ſinon en confeſſion, ce que P. Gon-
tier a oſé en ſermon ; Qu'ils alloient contre les
Catholiques , ne le pouuoient en conſcience ;
Que tous les coups qu'ils tireroient donneroient
dans le cœur de noſtre Seigneur , parce qu'ils ne
recognoiſſent rien de Catholique , que le Roy
Catholique d'Heſpagne ? ne tiennent en leur iar-
gon pour bons Catholiques que ceux , qui ont
mangé de ce Catholicon au preiudice de leur patrie. Ne montons point plus haut , tout fraiſche-
ment ces deux Ieſuites qui ſont allez trouuer

Monſieur le Mareſchal de la Chaſtre ſur le poinct
qu'il eſtoit de partir, pour la conduite de l'armee,
ne luy en ont ils faict cas de conſcience? ~~il~~
~~Et~~
ſi leur impudence l'oſe nier ſous vn ſi graue, vn ſi
puiſſant teſmoignage, y a-il aucun qui ne les deſ-
mente? Certes, ils penſoient auoir par leur dete-
ſtable coup, trenché le deſſein du feu Roy, dés la
racine. Et ils voient, que noſtre magnanime Royne le pourſuit, veut que la terreur de ſes armes en
deſpit de noſtre malheur, le ſuruiue: De deſeſpoir, recours à leurs pratiques accouſtumees, vui-
des qu'ils ſont de toute pieté, ils empliſſent de ſu-
perſtition ceux qui les eſcoutent, qui ont eſteinct
en eux la vraye reuerence du nom de Dieu, nous
veulent mener par fauſſes craintes, par vains ſcru-
pules. Aſſeurer noſtre frontiere contre le desbord
d'vn ennemy, la border de fermes alliances, main-
tenir les anciens Amis & alliez de ceſte Couronne, ains ſelon le traité de Veruins, les alliez com-
muns des deux Couronnes, Ce ſera ſi vous les en
croyez heurter contre l'Euangile, faire la guerre
au Ciel: non qu'Hereſie: Au feu Roy d'Heſpagne au contraire, voyez quelle diſparité, quelle
diſpenſe, attaquer le feu Roy Henry III. ſon fre-
re, de meſme religion, en icelle plus deuotieux
que luy, dans ſon propre Royaume, luy ſouſle-
uer, luy mutiner, luy reuolter ſes Grands, ſes prin-
cipales villes, c'eſtoit Chreſtienté, & Catholicité,
Martyr qui mouroit en telle guerre, œuure de ſu-
pererogation, non que ſimple merite. En vou-

lez vous vne autre preuue ? Demandez à nos Ie-
fuites, où eftoit leur zele parricide, lors que le
Roy dernier decedé, Roy de Nauarre, faifoit la
guerre pour fa religion, excommunié du Pape,
Heretique, difoient-ils, & Relaps. Il ne fe trouue
point qu'en tout ce temps, pres de quinze ans, ils
ayent onc attêté fur fa vie, parce qu'ils le croyoiét
puiffant inftrument pour entretenir nos guerres
ciuiles, efperoient qu'elles confumeroient nos
forces, que l'Eftat en fin & luy s'entrecouuriroiét
de cendres. Le voyent-ils venu à la Couronne, a-
uoir changé de religion, pour embraffer celle dôt
ils fe vantent, dont ils fe difent les pilliers, par là
s'eftre frayé humainemét vn chemin pour fe rendre paifible, formidable confequemment au Roy
d'Hefpagne, c'eft lors que ce zele s'efmeut, que
ceft efprit qui les poffede, nous fufcite des Barrie-
res, & des Chaftels, & combien d'autres de ceft
antre tenebreux, non venus en lumiere ? Et ainfi
à mefure qu'il s'eft rédu abfolu, ont aiguifé, trem-
pé aceré leurs alumelles, fortifié, redoublé ces
pratiques, fi la religion les mouuoit, pourquoy
non pluftoft contre luy excommunié, prononcé
Heretique ? pourquoy lors feulement qu'il s'eft
declaré, qu'il eft & par tout & par eux mefmes recognu Catholique ? & puis ils n'ont point de honte de nous promettre deformais garantie contre
les Affaffins, pourueu que nous foyons bons Catholiques, là deffus, pour nous donner le change,
pour nous deftourner de la iufte vengence, qu'ils
ont appellée trop iuftement deffus leurs teftes, ils

nous preſchent d'exterminer les Huguenots, s'en
battent ſur la perche. Certes ſ'ils eſtoyent Eſpa-
gnols, s'ils le pouuoyent deuenir, s'accommoder
à leurs intentions, ſigner dedans leurs liures ſan-
glans & rouges, ils ſçauent ce que ie veux dire, ils
auroyent bien toſt purgé ce crime d'hereſie, ils ne
manqueroyent pas d'expediens pour les faire
trouuer Catholiques, pour ſanctifier meſmes
leurs armes pour vn ſi bon ſeruice. Qu'ainſi ſoit.
Ils nous importunent, qu'il ne faut qu'vne Religion en France, Qui trouuent bon cependant que
l'Eſpagnol face la paix auec les Eſtats, aux deſpés
de la Meſſe, de noſtre Egliſe, du Pape meſme. Si
leur Theologie le luy permet, Car iamais les a-on
ouy crier au contraire ? n'en ont-ils pas meſme
eſté les Miniſtres? Pourquoy, à nos Rois defendu
pour le repos de leur Eſtat de permettre le preſ-
che, retenans en ſon entier, & noſtre Religion,
& l'auctorité du pape? Et pourquoy meſme actió,
ains plus fauorable de noſtre part, à l'Heſpagnol
Catholicité? à nos Rois Hereſie ? En fin, meſmes
depuis ceſt eſclandre, comme pour nous conſoler, nous propoſent qu'il n'y a de Huguenots que
pour vn deſieuner, Ce ſont leurs mots, que ſe
peuſſent-ils eſtrangler du premier morceau. Et
nous n'auóns le temps paſſé rien oublié, rien eſ-
pargné pour en venir à bout, non pas noſtre propre ruine. Qui ne voit donc, que ce reconfort, ce
reſtaurant vient de meſme boutique? Que du
couteau dont ils ont frappé noſtre Chef, ils veulent que, pour accóplir leur ioye, & leur deſſein,

nous nous donnions dans la poictrine. Certes, ces Huguenots qu'ils appellent, n'ont rien qui leur reſſemble. Nous les auons bruſlez vn temps fut, depuis pourſuiuis en toutes ſortes, telles que nous en auons horreur nous meſmes, Au plus fort neantmoins de leur deſeſpoir, ou de nos rigueurs, où leur auons nous veu attenter à la vie de leurs Princes? du Roy Charles, du Roy Henry troiſieſme? Qui onc les en a accuſez, ſouſpeçonnez, diſons calomniez. Au contraire, voyans ceſtui-cy preſſé, nous auec luy, de l'ennemy & domeſtique & eſtranger, tous couuerts des playes que nous leur auions faictes, au lieu de faire profit de noſtre malheur, le tirer à leur aduantage, ont-ils pas couru à noſtre beſoin, ioinct leurs eſpées aux noſtres? Et de là, chacun le ſçait, le ſalut de l'Eſtat. Ces gens qui aſſaſſinent nos Princes lors que plus ils les careſſent, ~~qui nous rendent plus de deuoir que les nôtres~~, à qui leur demande le chemin de Paradis, l'enſeignent pour le plus aiſé, pour le plus court, nous oſeront-ils auiourd'huy parler de les exterminer? nos compatriots, voiſins, amis, parens, freres, noſtre chair vrayement & noſtre ſang, qui courent ſi naturellement à noſtre playe, Et nous eſtimeront-ils ſi lourds, que de n'apperceuoir leur dol, quand non contens de nous auoir ſi impiteuſement ouuert & la Baſilique deſia & la Cephalique, (pour demeurer és termes du bon Pere Guignard,) ſous ombre de nous ſeigner de l'Heretique, il nous veulent trencher & veines & arteres, la Catholique mefmes. Car fe peut-il autrement, que le fang ne coule des deux parts ? que tous deux l'vn par l'au-tre, & ne tariffent & ne periffent?

Ce pendant au grand creue-cœur de tous les bons François, ils emportent noftre cœur, A eux en foit l'impudence, à nous la honte, Et nous le viennent demander trente & vn de compte faict, Myfterieux qu'ils font en toutes chofes, non fans myftere, parce qu'ils penfent auoir gaigné le ieu. Et de faict, ils ont bien ce qu'ils veulent. Pour-quoy penfons-nous, finon qu'ils le veulent gar-der pour trophée? Trophée de leur magnanimi-té, de noftre fimplicité, que ie ne die fottife? Et de quel droict, comme ceux qui tirent le pape-gay, finon pour l'auoir percé? luy auoir donné dans le centre? Car au refte enquerez vous des honneurs, qu'ils luy ont faict à la Flefche, au mi-lieu de toute leur Rhetorique, à peine s'y eft-il trouué de bon Latin pour luy, de bon François, on le leur pardonne. On ne vit iamais rien de fi froid, rien de fi fade, Ils eftoyent fi engloutis en la ioye de fa mort, ains en la gloire de leur meurtre, qu'ils en oublioient tous les regrets deubs à ce dueil commun, toutes les loüanges deuës à fa vie; Miferable, qui leur as procuré ceft honneur, ains ce plaifir; à la France ce reproche perpetuel, ceft immortel opprobre, puif-ie t'oublier, que tu n'ayes part icy? Quand au meftier que notoire-ment tu faifois, ils te choififfoient pour Prote-cteur, pour Producteur, que tu les voyois, ces Hypocrites, ces mafques de faincteté, te courti-
fer,

ser, te solliciter, à ton leuer, à ton coucher; à ce que par ton credit, contre l'Arrest d'vne Cour souueraine, Arrest mesme prononcé par la bouche toute sanglante de ton pauure Maistre, ils fussent rappellez en ce Royaume, deuois-tu croire, si la Cour t'auoit donné tant soit peu d'esprit, que ce fust pour bien faire? que pour tres-mal faire? Qu'ils prosternassent, prostituassent si vilement, si vilainement leur pudeur à ta honte? Orgueilleux d'ailleurs qu'on les cognoist, sinon pour acheuer, pour acheter nostre ruine au prix de leur vergogne? Et donc puis que tu n'es pas né pour auoir assez de courage, pour en mourir de regret: deusses-tu pas maintenant estre aux pieds de la Cour, la corde au col, le ventre en terre, couuert de sac & de cendre, pour luy demander & pardon & iustice. Pardon de ta brutalité, proche de crime, d'vn si monstrueux crime, d'auoir tant presumé de ton indeue faueur, en la cause des Rois, contre les Loix; vn ver de terre, vn ignorant infame; Iustice contre ces gens, qui t'ont beufflé, ensorcelé, faict instrument du meurtre de ton Maistre; Et d'vn tel Maistre, qui t'auoit creé de la fange, enrichy de plus & esleué (si tu ne monstres rien de mieux) non moins contre raison, qu'outre mesure, outre nature.

Mais la Declaration, peut-estre, du Pere Cotton, Messieurs, vous aura satisfaicts; effacé ces soupçons. Et ie la laisse examiner à nostre Abbé, à nos Curez, qui le sçauront mieux faire. Iettons toutesfois nostre œil dessus, encor qu'elle estoit

toute autre, premier que Monſieur le Chance-
lier, ſelon ſa prudence, la luy euſt faict corriger.
On leur reproche le liure de leur celebre Docteur
Iehan Mariana; qui ne reſpire que poiſon & carnage. Il nous dit que c'eſt voirement *vn mauuais
liure*. Au Calepin de nos Ieſuites ne ſe rencôtroit-
il point quelque mot plus fort pour deteſter ce liure; & quand il en parle à ſi petite bouche, que
vous laiſſe-il à iuger de ſon cœur? ailleurs, il vous
dit, que c'eſt *la legereté d'vne plume eſſorée, d'vne
plume mal taillée*: en eſt on quitte pour ces belles
Metaphores; quand par ceſte execrable doctrine
qui court ſans contredit depuis dixſept ans; leurs
Aſſaſſins s'acharnent ſur nos Princes? Mais, dit-il,
Que pour vn ſeul Mariana toute la Societé patiſ-
ſe; quelle charité, quelle iuſtice? ains c'eſt la Societé, en ce Mariana, & qui parle, & qui peche:
puis qu'il appert par les atteſtations du liure meſme, *que les plus graues & doctes l'ont reueu*, le Prouincial, le Viſitateur approuué; le General or-
donné qu'il ſeroit imprimé, pour eſtre recognu
œuure de la Societé tres-authentique, quelle autre ceremonie y voudroit-il? quelle autre forme.

tr. Ri-
deneira
r. 1. de
incipe
b.18. p.
7. & c.
p.172.
ſeqq.

Ains diſons de rechef, ce n'eſt point vn Mariana
ſeul, qui à eſcrit de ce ſtile. Les Ieſuites de tous
climats ont exercé ceſt Apoſtolat, ~~~~~~~~~~~
~~~~~~~~~, Emanuel Sa Portugais, Gabriel Vaſqués
& Pierre Ribadeneira Heſpagnols, Martin Becanus & Nicolas Bonarſius bas Allemans, Iean Guignard & les Autheurs de l'Apologie de Chaſtel,
François, Rob. Bellarmin Italien, Ioſeph Creſu-
~~~~~~~~~

uel Anglois, & plusieurs autres l'ont executé de *Creuſ*
mesme consentement en la personne des Rois & *uel. i*
Princes, en France, en Angleterre, és pays bas, & *Philoſ*
tout fraischement en Transſyluanie, où n'y en re- *tri de*
stoit qu'vn tout seul, tant ce venin, pour peu qu'il *2. Nu*
en demeure, est contagieux & corrosif. On ſça *157. 1*
uoit mesme nostre malheur à Prague, à Madril, à *162.*
Bruxelles, premier qu'il fust aduenu, trop verifié
par les Ambaſſadeurs : Et par ceste damnable cor-
respondance. Pour conclurre, qu'vn tout conspi-
re à quelque chose ; d'où plus efficacemét le pou-
uons-nous, que de toutes les parties ? & des plus
fortes, des plus auctoriſées ; Theologiens, Do-
cteurs, Prouinciaux, Generaux, Cardinaux, pretendus Martyrs ? Car quant à ce qu'il nous oppo-
se au contraire ; il est ſi foible, ſi racourcy, ſi am-
bigu, ſi prononcé entre les dents ; qu'il n'y a aucun
qui ne ſ'apperçoiue aſſez, que c'est la doctrine des
Equiuoques, la Traditiue du Docteur Nauarre
qui parle. Mais nous, dit-il, *en noſtre Congregation*
Prouinciale tenuë à Paris en l'an mil ſix cens ſix,
nous deſauouaſmes ceste plume mal taillée, requiſmes
auſſi le General de nostre Compagnie, *que ceux*
qui auoyent eſcrit au preiudice de la Couronne de France
fuſſent reprimeZ, & leurs liures ſupprimeZ. Notez
donc, Meſſieurs, quinze ans apıes ; quand ce poiſon a eu tout loiſir de couler dedans toutes les
veines ; Et où est l'Anatheme qu'ils ayent prononcé contre ce Liure, ou ſes ſemblables ? Et qui
en a onc ouy parler iuſqu'à preſent, que nos Curez par leurs ſermons leur ont donné la gehenne?

C ij

Et pourquoy penſez vous qu'ils l'ayent cenſuré, ſinon pour auoir publié le ſecret de l'eſchole trop clairement, trop cruement? Car qu'eſt-ce tout cela, ſinon comme leur Rauaillac, laiſſer tomber le couteau apres auoir faict le coup; bruſler le liure, apres qu'il a mis le feu dedans ces eſprits; par ces eſprits en toute l'Europe? Mais fait-il pas à la Royne vne ſi belle confeſſion de foy? Il s'en tiét, dit-il, au Concile de Conſtance; Que peut-il mieux dire? ~~Ainſi, c'eſtoy le fonds de la pie~~
Car pourueu qu'ils paruiennent à leurs fins toutes fraudes de parole, & de faict, leur ſont permiſes; font part de leur Religion & de leur Regle. Entre marchands, qui vſeroit de tels droicts, ſeroit hors de tout commerce; Et ce pendant nous ſommes ſi aueugles, que nous nous liurons encor à eux pour nous vendre nous meſmes. Oyons ce Cardinal Toleto; le premier qui nous eſt produict par Cotton, en ſon Inſtitution Sacerdotale, voyci comme il inſtruit ſes Preſtres, *interrogé de ſon Superieur apres auoir faict le ſerment, il peut vſer d'equiuocation, & ne doit reſpondre ſelon la volonté du Iuge, mais ſelon la ſienne propre.* Meſme ſur vn crime par luy cogneu, ou commis, *reſpondre, ie ne ſçay, ou ie ne l'ay point faict, entendant rien que ie vous puiſſe dire, ou faict maintenant.* Et ainſi en pareil cas; Syluanus auſſi, *Il eſt licite d'vſer d'equiuoques & mots ambigus, pour tromper les eſcoutans, quand celuy qui vous interroge n'eſt point voſtre ſuperieur, ny voſtre Iu-ge.* Et deſia ils ont poſé pour fondement, Que nul Clerc n'eſt ſubiet ny reſponſable à vne perſonne

.To-
In-
t. Sa-
t. l.
1.

n. in
ppi-
s.

seculiere, non pas mesmes à son naturel Prince. Quelle foy donc peut-on asseoir sur leur serment? non que sur leur dire? Sur la deposition volontaire de ce bon Pere? Et Gregoire de Valence en parle de mesme, cest *homme* qu'il qualifie *de sçauoir eminent*, tel recogneu *en Hespagne, Italie & Allemagne*, escriuant sur la Somme, & appelle ceste science d'equiuoquer, *vne prudente defense* : pratiquée de faict par le Prouincial Garnet en Angleterre auec vne effronterie & irreligion extreme: & reduicte en art par le Docteur Martin Nauarre, Iurisconsulte par liure expres, *en faueur*, dit-il, *de la tres-illustre societé des Iesuites.* En voulez vous mesmes quelques eschantillons sans sortir de ceste Declaration ; *Nos Rois*, dit-il, *en France sont les aisnez de l'Eglise.* Nous pensons qu'il y ait bien flaté la Roine. Et l'Equiuoque est euidét ; en ce qu'il dit, *en France*, & non *de France*: s'il eust dict, *de France*, il craignoit d'offenser le Roy d'Hespagne, de recognoistre nos Rois en comparaison des autres Rois Chrestiens, fils aisnez de l'Eglise ; Quand il dit *en France*, il exclud la comparaison, restreint leur prerogatiue dans les limites de leur Royaume ; Et par ainsi au plus espais de son François, retient tousiours le cœur d'Hespagne. Ainsi affermoit-il à feu nostre grand Roy, pour luy recommander leur Fondateur Loyola, qu'il estoit *son subiect*; qui croyoit de là, qu'il fust François ; Et surpris en l'Equiuoque, auoit en tout cas son recours, à dire qu'il estoit Nauarrois ; Mais il se gardoit bien de luy dire, qu'il estoit traistre à son Roy

C iij

& à ſa patrie ; defendant Pampelune contre le
Roy ſon grand pere, où il fut bleſſé, & de deſpit
ſe fit Moine : Pere depuis entre nous, & ce n'eſt
de merueille ; de tant de pariures & de traiſtres.

On demande ; Qu'en fera-on donc ? Et doutez
vous apres tout cela? Certes, Meſſieurs, il y auroit lieu de vous dire, que, comme les Scorpions,
pour nous guarir, il les faudroit eſcacher ſur leur
piquure, ſur noſtre playe ; mais penchons en la
plus douce part, Que pouuez vous moins que
faire valoir, executer ce voſtre Arreſt ? à il pas
pleine vie ? en faire autrement, ſeroit-ce pas le
condamner, vous condamner, leur dóner droict,
vous charger d'iniuſtice ? Où ſeroit-il dict, (ce
que ia n'aduienne) qu'à meſure que ces malheureux croiſſent & de crime & d'audace, Vous les
Gardiens de ceſt Eſtat ; *tanquam capite minuti*, di-
minuiez de vertu, rabbatiez de iuſtice? Les Eſtats
Chreſtiens ont pris patron ſur vous, iuſques aux
bouts de l'Europe, Allemans, Hongrois, Veni-
tiens, les ont retranchez de leurs terres, ignoble,
deſcheu de tous droicts & toute ſa poſterité, &
par Decret expres, en ceſte ſage Seigneurie, qui
iamais parle de les rappeller, quelque inſtance
que Rome en face : Rome toutesfois, combien
plus proche d'elle ? plus à craindre par elle ? Ce
qu'ils ont faict par prouidence, par apprehenſion
de l'aduenir, Car, quel mal au prix, leur auoient-
ils encores faict, qui trouuera nouueau que vous
le faciez, ſur vn forfaict flagrant ? forfaict qui ne
trouue plus de nom, vn general parricide ? Ne

trouuera au contraire estrange, que vous y balan-
ciez, que voftre exemple face Loy pour autruy,
fe relafche en vous mefmes, voftre Loy ferue de
precaution falutaire aux voifins, aux plus loin-
tains, aux moins malades, vous manquent en vn
fi prefent, vn fi preffant befoin, vous demeure
inutile? Certes attendons autrement, comme
d'vne matiere eftrange en vne playe, tant qu'ils
feront fupportez parmy nous, nouuelles dou-
leurs, nouueaux efclandres. Noftre playe vou-
dra-elle s'incarner, fe fermer, & femblera-elle
proche de cicatrice? Cefte matiere, eftrange par
tous pays & en tous corps, fors qu'en Hefpagne,
nous y aura pourry l'humeur, nourry vn fac, de
là enfleure, inflammation, fieure, ouuerture,
pour peu qu'il en demeure, ce fera toufiours à re-
faire, purgee au contraire qu'elle en foit, chair &
fang que nous fommes l'vn de l'autre, les leures
fe rapprochent, elle fe guarira toute feule.

Oüy; mais chaffer vne fi grande Societé, pour le
forfaict d'vn feul, n'eft-il point rude? Ains c'eft re-
uenir mal à propos aux principes. C'eft cefte Societé qui a donné le coup; non ce Barbare, fa doctrine, fon confeil, fa coniuration. Il eft ja preiugé;
fi au fait de Chaftel, tant plus encore. Et qu'auoyét
onc fait, ou les Iuifs de femblable, pour en chaffer
la race, ou les Templiers, pour les exterminer,
pour en efteindre l'ordre? Mais que deuiendront,
dit vn autre, les bonnes lettres? que ces gens enfei-
gnent fi dignement? que fera la ieuneffe, Ains, fi tu
és vn idiot, ie te pardonne; Lors donc qu'ils paru-

rent premierement en noftre France; nos Vniuer-
fitez floriffoient-elles point? Tant de grands perfô-
nages, qu'elles ont produit depuis cinquante ans;
qui ont honoré l'Europe , non que leur partie; e-
ftoyent-ils de leur inftruction, de leur methode? Et
de leur Efchole , qu'eft - il onc forti qui les vaille?
Certes, fi comme iadis ces Efcoffois fouz Charles
Magne, ils eftoyent venus crians Science à vendre
fans autre deffein, fans fe mefler d'autres affaires,
ils feroient fupportables; les tres-bien venus, bien
qu'en choix de plus doctes. Mais fommes nous encor à nous apperceuoir, fous ombre de ce pretendu bon Latin, comme ils abbreuuent nos enfans
de tres mauuais François , fous pretexte des bonnes lettres , de tres-dangereux arts , en façonnant
les efprits nous corrompent les ames, transformét
en fin infenfiblement les affections, les volontez
en ce tendre aage, pour former de nous & dedans
nous par ce moyen, en leurs Colleges , autant de
Colonies d'Efpagne, qui refpanduës, qui fonduës
dedans la maffe de tout noftre fang, le nous alterét
par les mauuaifes qualitez qu'ils luy impriment,
tout le corps du Royaume. Qu'à ce prix n'euffiós
nous pluftoft point de Latin , ne fçeuffions nous
iamais que noftre langue. Mais recharge la fuper-
ftitió, chaffer ce beau nó de Iefus, fe peut-il sás peché? heurter ainfi la faincte montaigne? Et cóbien
de bonnes deuotions, de fainctes confeffions fe
perdront auec eux ? Ains , dy pluftoft de *Deuots*;
Deuots appelloit l'antiquité, ceux qui deuouoiét
leur vie à la mort de quelcun à quelque acte fu-
nefte.

nefte. Quelle autre deuotion entr'eux fi remarquable? Et non toutefois pour l'entreprédre eux mefmes? ils font plus fins que cela, mais pour y perfuader, pour y porter les autres : y perdre donc tels *Deuots*, eft-ce gagner ou perdre? Car au refte, des marques de fainCteté plus fpeciale, fi vous en recherchez chez eux, ils vous renuoyent aux Indes : là font leurs Martyrs, là leurs miracles, ce miferable Occident n'en feroit pas capable. Entre nous autres Martyrs, ne peuuent-ils produire, que des Chaftels, des Rauaillacs ~~des Parles, Gui~~ ~~gnarts, Oultemans, Affins de Paris~~, boutefeux de Royaumes : pour miracles, que feditions, confpirations, fougades, maffacres. Ceux qui pres de nous ne fe repaiffent que de meurtre & de carnage, fommes nous fi idiots de croire, qu'ils reffufcitent les morts ailleurs, guariffent au moins les malades? Et quant aux confeffions, le nerf principal de leur Societé ; ains de leur coniuration, qui ne fçait que ce n'eft autre chofe que la cabale par eux rebouillie, de ce Mahumetain, le vieil de la Montagne? fauf, que pour refoudre & determiner les fiens à tuer nos Princes Chreftiens en la terre fainCte il les tranfportoit endormis par vn breuuage, en certain lieu où il leur faifoit goufter tous les plaifirs de fon Paradis profane, afin que refueillez ils mefprifaffent la mort qu'ils encourroient en les tuant, mort qui leur rendroit la ioye, qu'ils auoyent gouftée, perpetuelle. Au lieu que ceux-cy plus cauteleux, (car Satan profite en vieilliffant) de la confeffion qu'ils tirent

de leurs enormitez , les enfoncent dans l'horreur
des peines eternelles , leur en donnent mefme
des fentimens en leur Chambre de Meditations.
Puis , creux de cerueau , & eftonnez qu'ils font,
leur en propofent le feul remede, en quelque celebre meurtre , d'vn peché , le remede en vn crime; d'vn incefte en vn parricide , ainfi des autres;
qui non feulement les doiue garantir de peine,
mais à la proportion du coup qu'ils font , fur vn
Grand , vn Prince , vn Roy , de fon pouuoir , de
fa vertu , ~~auec ſon ......~~
~~........ Ciel l'Ange, ou d'Archange.~~ A cefte fin le
garniffent , auec vn folennel apparat ~~...........~~
~~..........~~ , le glaiue , luy dient-ils , de Gedeon , de
Dauid , de Iudith , de fainct Pierre ; Accepté qu'il
l'a , l'honorent , l'admirent , l'adorent , le deifiét ,
le trouuent defia transfiguré , glorifié , le luy font
croire. N'eft-ce pas auoir bien enrichy l'inuention
du Sarrazin ? De combien plus Sarrazins , que ce
Mahumetan , qui ne la pratiquoit que contre fes
ennemis , à fon fens , infidelles ; au lieu que ceux-
cy peu foucieux que l'infidelle face ; ne s'en fer-
uent que contre les Chreftiens , la referuent par
priuilege fpecial , contre les Rois facrez , ceux
mefmes que la Chreftienté appelle Trefchreftiens
entre les Catholiques. En fin nous dit la pretendue prudence , (que ne fuffes-tu point pluftot pu-
re malignizé;) Mais choquer vn fi grand corps , fe
peut-il fans danger ? Et qui faifoit mine de reuerer
fa Sainteté , nous veut faire redouter fa puiffan-
ce? Et donc deux ou trois cens pedans qui font

reſpãdus par ce Royaume nous ferons peur ? Qui
ne font partie aucune de noſtre Eſtat, de Prouin-
ce, de Ville, de famille, que nous pouuons arra-
cher ſans qu'on le ſente ? Vous empeſcheront de
faire iuſtice, & iuſtice à noſtre Roy, & d'vn tel
acte ? Où ſeroit, Meſſieurs, voſtre ançienne vertu, qui, rencontraſt elle en ſon chemin, au chemin de ſa iuſtice, vn Cerberus en teſte, luy paſ-
ſoit ſur le ventre ? Aſſeurée, comme diſoit ce bon
Roy, qu'elle faiſoit la iuſtice de Dieu, & non des
hommes. De Dieu touſiours tout-puiſſant en l'in-
firmité de quiconque l'exerce?

Certes tellè auſſi, Meſſieurs, ſe la pomet-on encore de vous auiourd'huy. Que meſme la neceſſi-
té, l'extremité, la iuſte douleur la vous renouuelle-
ra, fortifiera, redoublera ceſte vertu en vous. Mais
pour rendre la vigueur à ceſt Eſtat, que l'on attend
partie de vous, rendez-la vous premier, redeuenez
vous meſmes. Qu'on cognoiſſe en l'execution de
voſtre Arreſt, de ce tant neceſſaire & ſalutaire Arreſt, le ſentiment, le mouuement à bon eſciét qui
vous reuient, que rien ne le retienne. Et ne vous
arreſtez point, Meſſieurs, aux artifices de ces gens,
de leurs ſuppoſts, de leurs ſupports; ceſte eſt la
voix de tout ce qu'il y a de François, de pur Catholique en ce Royaume. Nos champs, nos villes,
tous nos arts vous redemandent ce grand Roy qui
les faiſoit verdir, fleurir, polir, ſouſpirent aprés ceſte iuſtice. Noſtre Clergé vous demande ſon De-
fenſeur, noſtre Nobleſſe ſon Conducteur, noſtre
peuple ſon Liberateur, noſtre Eſtat ſon Reſtaura-

teur, la pl⁹ ſaine partie de l'europe ſon Protecteur,
nos Princes François l'honneur de leur ſang, les E-
ſtrangers le premier de leur rang? A ceſte requeſte
n'y a rien qui ne contribuë ; ce pleur eſclatant, ce
murmure ſourd, ce ſilence eſtonné n'auoyent autre vœu; ne parlent encore autre lãgage. La terre,
en ſomme, qui a reçeu ce ſacré ſang , ſur vn paué,
dit le Prophete, ou il ne peut ſeicher , en crie ven-
geance au Ciel ; le Ciel l'a exaucée , la vous com-
mãde. Mieux ne pouuez vous, Meſſieurs, ſuppler
l'aage du Roy, conſoler les larmes de la Royne, re-
gretter la vie du GRAND HENRY, pleurer ſa tri-
ſte fin, celebrer ſes obſeques, conſacrer ſa Memoi-
re. Là deuez-vous proprement retenir voſtre rang,
là le defendre. PATRES PATRIÆ SI
AVDIRE VVLTIS, PARENTI TAN-
TO ALIA RATIONE PARENTARE
VERE NON POSSITIS, QVOD
FOELIX FAVSTVMQVE SIT. Amen.